AF410879

RÈGLES PRATIQUES

DE LA

PHOTOGRAPHIE.

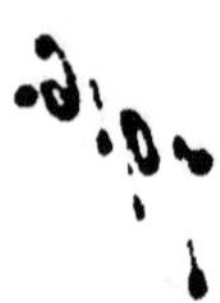

TYPOGRAPHIE HENNUYER, RUE DU BOULEVARD, 7, BATIGNOLLES.
(Boulevard extérieur de Paris.)

RÈGLES PRATIQUES

DE LA

PHOTOGRAPHIE

SUR

PLAQUE, PAPIER, ALBUMINE

ET COLLODION

D'APRÈS LES MEILLEURS PROCÉDÉS CONNUS

Avec une explication théorique des phénomènes de la Photographie

Déduite des lois du mouvement de la lumière

PAR J. DUBOSCQ

CONSTRUCTEUR D'APPAREILS D'OPTIQUE.

PARIS

CHEZ L'AUTEUR, 21, RUE DE L'ODÉON.

—

1853

RÈGLES PRATIQUES

DE LA

PHOTOGRAPHIE

SUR PLAQUE, SUR PAPIER, SUR ALBUMINE ET SUR COLLODION.

Le mot *photographie*, qui signifie *dessin par la lumière*, s'applique à l'art de produire des images par l'action des rayons lumineux. C'est donc à tort qu'ayant donné le nom de *daguerréotypie* au procédé mis au jour par Daguerre, on a réservé exclusivement le nom de *photographie* pour tous les autres procédés. Nous n'avons pas l'intention de suivre les errements du plus grand nombre, et, respectant la signification des mots, nous allons employer le titre générique de *photographie* pour tous les procédés à l'aide desquels on obtient des images par l'action de la lumière; nous appellerons *photographie sur métal* ou *daguerréotypie* le procédé qui est dû à l'illustre Daguerre ; nous nommerons *photographie sur papier, sur verre, sur pierre*, etc., tous les autres procédés qui ont été imaginés par différentes personnes et qui sont aujourd'hui la propriété de tout le monde. Cela dit afin

de justifier les dénominations dont **nous** allons nous servir, entrons tout de suite en matière, et abordons, sans
autre préambule, la partie théorique de cet art mer-
veilleux.

On a raconté bien souvent l'histoire d'un chanteur
dont la voix tonnante faisait éclater les vitres des salons
dans lesquels s'exerçait son organe prodigieux. Quelque étrange que ce fait puisse paraître , il nous est
toutefois impossible de refuser aux ondes sonores la puis-
sance d'ébranler très-fortement des masses considérables,
et il n'y aurait rien pour nous d'étonnant à ce que les
frémissements de l'air, transmettant un son à travers des
corps assez fragiles, tels que des vitres, pussent désa-
gréger les parties de ces corps et les faire voler en éclats.
Ce que les mouvements de l'air, ce que les vibrations sonores produisent sur des masses sensibles, les mouvements
de l'éther, les vibrations lumineuses, la lumière en un
mot, peuvent le faire sur des masses insensibles, sur ce
que les philosophes, les physiciens et les chimistes ont
nommé les *molécules* ou les *atomes* des corps. Les chocs
lumineux peuvent disjoindre ces *atomes*, ou les rapprocher,
suivant les circonstances ; décomposer, comme on dit, les
corps, ou déterminer des combinaisons nouvelles. C'est,
en effet, comme cela que les choses se passent. Il y a des
combinaisons chimiques qui sont fragiles pour les vibrations lumineuses, comme les vitres l'étaient à l'égard des
vibrations sonores excitées par la voix du chanteur. Ces
combinaisons, soumises au mouvement de la lumière,
volent en éclats, les éléments qui les constituaient se sé-
parent et forment quelquefois de nouvelles combinaisons.

C'est dans de telles ruptures d'équilibre atomique que résident le fondement et le secret des méthodes photographiques inventées jusqu'à ce jour. Nous n'entendons pas écrire ici un traité de chimie photographique, et moins encore une analyse physique détaillée de toutes ces sortes de réactions. Ce serait d'abord une œuvre inutile ; ce serait en outre le plus souvent une entreprise impossible, vu le petit nombre de travaux sérieux que nous possédons jusqu'à présent sur ces phénomènes. Mais, afin de montrer à peu près comment les choses se passent, nous citerons un exemple, ne fût-ce que pour contrecarrer tant d'absurdes théories qui courent le monde, et que des hommes de bonne foi, mais étrangers aux premières notions scientifiques, ont rêvées, formulées, imprimées et mises en circulation depuis un certain nombre d'années.

Supposons donc que l'on prenne du chlorure d'argent sec et qu'on le dépose sur un corps inactif, tel que du verre, que se passera-t-il quand nous le mettrons en présence des rayons lumineux? Le chlorure d'argent se compose de deux substances simples, le chlore et l'argent. Le chlore est un gaz à la température et sous la pression ordinaires; il ne peut être conservé à l'air libre, il s'y dissout, s'envole et disparaît en très-peu de temps, à moins qu'il ne rencontre un corps auquel il lui soit possible de s'associer. Dans ce cas, il se combine avec ce corps, perd sa forme gazeuse, se fixe et acquiert de nouvelles propriétés. L'argent est un métal blanc, fort peu oxydable, que tout le monde connaît, et sur la description duquel nous ne nous arrêterons pas. L'argent et le chlore sont appelés corps simples, parce que nous ne pouvons les faire qu'avec de l'argent

et du chlore. Quand le chlore rencontre l'argent à la
température ordinaire et dans l'obscurité, il s'unit avec
ce métal et constitue avec lui un corps blanc qui peut
cristalliser dans certaines circonstances, qui peut être
fondu en une espèce de verre jaunâtre et élastique appelé
lune cornée par les anciens alchimistes. Mais cette union
de l'argent et du chlore est très-peu stable; il suffit de
l'action d'un rayon du jour pour la troubler, et lorsqu'on met le chlorure blanc d'argent en présence de la
lumière, les vibrations de celle-ci désagrégent le chlorure; le chlore se détache du métal, reprend sa forme gazeuse et s'en va ; le métal reste, sous forme de poudre extrêmement divisée, et présente à l'œil une coloration
grise violacée particulière qui ne ressemble en rien à la
couleur blanche métallique de l'argent agrégé et com-
pacte. Si donc une partie du chlorure blanc d'argent déposé sur le verre a été frappée plus longtemps et plus
vivement que le reste par les rayons lumineux, la décom-
position s'y sera développée davantage, l'argent métallique
se trouvera là en plus grande abondance que partout ailleurs, la poudre noire aura remplacé la poudre blanche,
et l'on aura une marque évidente de l'action de la lumière
sur le corps essayé. C'est ainsi que ce chlorure, placé sous
une dentelle ou sous une feuille qui puisse lui servir d'é-
cran, et exposé à l'action du soleil, noircit partout où il
n'est point recouvert, et laisse en blanc la silhouette de
l'écran qui le protégeait.

L'image obtenue de cette façon continuerait à noircir
une fois l'écran enlevé, et s'effacerait bientôt si l'on ne
venait pas la soumettre à l'action d'une liqueur, de l'am-

moniaque, par exemple, qui , pouvant dissoudre le chlorure blanc d'argent, n'attaquât pas l'argent pur ou le sous-
chlorure qui constitue les noirs de l'image. Après ce lavage ammonial, on aura donc une dentelle ou une feuille
tracée en silhouette blanche sur un fond noir, ou en image
transparente sur un fond opaque, si l'on a opéré sur du
verre. Cette empreinte ne peut plus s'altérer. Le chlorure
sensible a été enlevé par l'ammoniaque, l'argent, divisé et
noir, ne peut subir aucun changement au contact des agents
extérieurs; on a, par conséquent, une image photographique
irréprochable sous tous les rapports; il ne s'agit plus que de
la protéger contre les frottements qui pourraient l'effacer.
Voilà à peu près ce qui se passe dans toute formation d'i-
mages photographiques; il n'y a qu'à changer les noms
des substances sensibles, des corps sur lesquels on les dépose, des réactifs destinés à faire ressortir et à fixer les
images, et tout revient aux règles théoriques que nous
avons indiquées. — Les opérations pratiques, dans le détail desquelles nous allons entrer dès à présent, serviront
de confirmation à ces principes déduits de considérations
purement spéculatives.

PHOTOGRAPHIE SUR MÉTAL.

—

DAGUERRÉOTYPIE.

La photographie sur métal, la première par ordre de date, repose sur les mêmes principes théoriques que tous les autres genres de photographie. L'argent est le métal sur lequel on opère de préférence, à cause de la grande altérabilité de ses sels. Mais comme l'argent tout pur, sous forme de grandes plaques résistantes, reviendrait à un prix trop élevé, et que, d'ailleurs, n'ayant besoin que de la surface des lames, leur partie intérieure ne servirait que de support, on a songé à remplacer les feuilles d'argent massif par des lames de cuivre recouvertes d'une couche d'argent pur, plus ou moins épaisse, suivant le nombre d'épreuves que l'on veut pouvoir fixer sur chacune de ces lames. — On donne en général $\frac{1}{20}$, $\frac{1}{30}$ ou $\frac{1}{40}$ de millimètre d'épaisseur à la couche d'argent, qui est fixée sur le cuivre par les anciens procédés de placage, ou par la méthode plus récente de l'argenture galvanique. La plaque livrée par les fabricants, quoique planée et lissée, n'a pourtant pas encore ce degré de poli qu'exige la production des images photographiques. Il faut donc, avant tout, procéder à son polissage, ce qui s'exécute de la manière que nous allons indiquer. Après avoir appuyé la plaque sur le bord d'une table, de telle façon que l'un de ses côtés déborde de quelques millimètres, on prend un couteau et, se ser-

vant de son dos en guise de brunissoir, on le passe sur le
côté saillant et libre de la plaque pour le courber légèrement ; on en fait autant aux trois autres côtés, et la plaque
se trouve ainsi prête pour le polissage, n'ayant plus de
bords tranchants qui puissent déchirer la surface des polissoirs dans les opérations qui vont suivre. Les plaques
livrées avec les appareils sont toutes préparées ainsi , et
pourront servir de modèle.

Après avoir subi cette préparation, la plaque doit être
déposée sur la planchette à polir, où des crochets mobiles
la saisissent aux quatre coins et la retiennent pendant tout
le travail du polissage. Le polissage s'opère en saupoudrant
d'abord la plaque de tripoli très-fin que l'on humecte avec
quelques gouttes d'alcool ; on frotte dans tous les sens avec
un tampon de coton bien propre et ne contenant aucun
corps capable de rayer la surface de la plaque, et l'on ne
cesse de frotter et de renouveler le tripoli et l'alcool que
lorsqu'on s'aperçoit que la surface métallique est devenue
unie et brillante, sans raies profondes et sans pointillé qui
puissent en troubler le miroitage. Lorsque le dernier tripoli
a séché, et que le coton paraît avoir donné à la plaque une
surface satisfaisante, on prend un polissoir en daim garni de
rouge d'Angleterre le plus fin, et, par des frottements dirigés
dans deux sens perpendiculaires, on amène l'argent au plus
beau poli qu'il soit possible d'obtenir. Les derniers coups
de polissoir sont donnés avec un frotteur en peau de cha-
mois ou en velours et sans rouge. Il faut, en général, que
le sens de ce dernier frottage soit parallèle à la direction
des yeux qui regarderont plus tard l'image photographique ; mais on lui donnera la direction perpendiculaire

dans le cas d'images qui doivent être placées dans le stéréoscope. Après ce travail mécanique préparatoire, la plaque est prête à subir les actions chimiques qui doivent rendre sa surface sensible aux vibrations lumineuses.

IODAGE ET BROMAGE.

L'iodage a pour but de couvrir la superficie de l'argent d'une pellicule très-mince d'iodure de ce métal. On prend à cet effet la plaque, retirée de dessus la planchette à polir, et on l'expose à la vapeur de l'iode contenu dans la boîte à ioder, jusqu'à ce que la plaque, regardée à la lumière faible réfléchie par une surface blanche, présente une belle couleur jaune d'or; elle est prête alors à recevoir l'influence du brôme qui doit lui donner une teinte rosée (ce qui se fait environ en 30 secondes, plus ou moins, suivant la température extérieure et la force de la chaux bromée). On reporte ensuite la plaque sur l'iode, on attend qu'elle ait pris une couleur violacée, ce qui se fait dans la moitié du temps employé au premier iodage, et, après l'avoir fixée dans le châssis destiné à la présenter à l'action de la lumière, on l'expose dans la chambre noire à l'influence des rayons qui doivent l'impressionner. Il est utile d'attendre quelque temps, après l'iodage et le bromage, avant de porter la plaque à la chambre noire, parce que la combinaison de l'iode et du brôme avec l'argent a le temps de se faire ainsi d'une manière plus complète, et les images que l'on en obtient sont plus promptes à se produire et plus nettes dans leurs contours. Il ne faudrait pourtant pas trop attendre, car les sels d'argent finiraient à la longue par s'altérer spontanément.

EXPOSITION A LA CHAMBRE NOIRE.

Il nous serait impossible de donner ici la théorie de la chambre noire et d'en discuter les différentes dispositions. Nous nous bornerons, pour le moment, à indiquer aux photographes non physiciens quelques règles générales qui pourront les mettre sur la voie, leur recommandant ensuite l'étude de leurs instruments, étude dont ils tireront un bien plus grand profit que de tous les principes théoriques que nous pourrions développer. En général, plus un objectif (on appelle ainsi la lentille ou l'ensemble de lentilles qui garnissent la chambre noire) est de long foyer, et plus les images qu'il donne sont nettes, à cause des erreurs d'aberration de sphéricité et de réfrangibilité qui diminuent à mesure que le rayon de la calotte sphérique à laquelle appartient la lentille devient plus considérable. Les images obtenues avec un même objectif seront d'autant plus nettes qu'on les aura produites en retrécissant davantage l'ouverture de la lentille par des diaphragmes convenables. Mais ce que l'on gagne en netteté, on le perd en temps ; car, avec un petit diaphragme, la quantité de lumière admise étant moindre, la durée de l'exposition de la plaque dans la chambre noire doit croître proportionnellement. Quel que soit l'objectif employé, les images qu'il donnera seront d'autant plus nettes que leurs objets seront plus éloignés ; mais aussi elles en seront d'autant plus petites.—Il est impossible d'avoir en même temps une image nette d'objets très-rapprochés et d'autres placés fort loin de la lentille. Cette impossibilité semble pourtant disparaître quand on emploie des diaphragmes très-petits, mais elle ne cesse jamais complétement. Une lentille composée d'une seule espèce de verre donne toujours des images dont les bords sont irisés et baveux : ce n'est qu'en employant des diaphragmes fort étroits que l'on diminue ce défaut; mais, comme nous venons de le dire, les petits diaphragmes, interceptant beaucoup de lumière, exigent une exposition plus longue de la couche sensible, inconvénient plus grave peut-être que l'irisation des images. Il a donc fallu remédier à ces imperfections des objectifs en les composant de plusieurs espèces de verre ou de corps transparents superposés, dont l'ensemble constitue ce que l'on appelle des lentilles *achromatiques*, qui n'offrent plus d'irisation sur les bords des images. — Toutefois, quand même l'image visible sur la glace dépolie de l'instrument paraît très-nette, il se peut que l'on obtienne des images baveuses sur la plaque d'argent, toutes les autres conditions de succès ayant été remplies. Cela tient à une propriété des frémissements lumineux, que les physiciens n'ont pas encore assez étudiée, et qui fait qu'avec les lentilles *achromatiques* ordinaires on a presque toujours deux foyers distincts : l'un est celui de l'action sur les plaques sensibles (*foyer chimique*), l'autre est celui de l'action sur notre œil (*foyer optique*). Après avoir mis au point pour l'œil, il faut donc souvent rapprocher ou éloigner un peu la lentille de la plaque, afin d'avoir des impressions photographiques plus nettes. Mais comme on ne peut donner aucune règle là-dessus, il faudra s'assurer, par quelques tâtonnements, de la position précise qu'il faut donner à la lentille de chaque appareil pour avoir des impressions nettes d'objets situés à des distances différentes.

Le moyen le plus prompt pour arriver à reconnaître la position du foyer chimique d'une lentille consiste à placer devant elle divers objets à des distances de plus en plus grandes, à mettre au foyer pour un de ces objets, et à voir, après avoir obtenu une image, lequel de ces corps est le mieux représenté sur la plaque. Comme on connaît alors la distance de l'objet bien venu, et celle du corps que l'on avait mis d'abord au point, on a toutes les données nécessaires pour obtenir de bonnes images d'objets qui seraient aussi loin de la chambre noire que l'était le corps qu'on avait amené au foyer.—C'est-à-dire qu'il faudra considérer ce corps comme étant plus ou moins éloigné qu'il ne l'est en effet, et mettre au foyer, non pas le corps lui-même, mais un objet quelconque fixé à la distance du corps dont l'image avait réussi, mais en ayant bien soin de prendre cette distance dans le sens contraire à celui qu'elle suivait dans la première expérience. Si, par exemple, l'image la mieux venue appartenait à un objet situé 20 centimètres plus loin que l'objet mis au foyer, il faudra, pour bien avoir celui-ci, mettre au foyer à sa place un objet qui soit plus près que lui de 20 centimètres. —La différence entre le foyer optique et le foyer chimique diminue, heureusement, à mesure que l'on vise sur des objets plus éloignés, en sorte qu'il n'est pas nécessaire d'avoir fait un très-grand nombre d'essais pour être toujours sûr de la position des lentilles.

Quand on connaît assez bien sa chambre noire et qu'il est devenu facile de la fixer au point convenable, on commence par mettre au foyer la glace dépolie qui ferme la boîte; l'ayant ensuite retirée, on met à sa place le châssis dans lequel se trouve fixée la plaque d'argent iodo-bromée.

Une fois la plaque dans la chambre noire, on démasque l'objectif que l'on avait d'abord coiffé, et l'on attend plus ou moins, suivant la saison, l'heure, l'état du ciel, la préparation de la plaque, l'objectif, la distance du modèle, et bien d'autres circonstances qui rendent le temps, pour cette opération, impossible à fixer à l'avance. Il peut varier entre une fraction de seconde et deux ou trois minutes; il ne dépasse guère, en général, 20 ou 40 secondes pour des jours clairs et une bonne préparation de l'appareil et de la plaque.

MISE AU MERCURE (mercurisation).

Quand on croit que la lumière a suffisamment labouré la surface de la plaque, on recouvre l'objectif, on ferme le châssis, on retire la plaque et on la porte sur le bain de mercure chauffé, qui doit la couvrir de vapeur mercurielle. Le mercure est placé à cet effet dans une capsule en tôle, au fond d'une haute boîte; un thermomètre plongeant dans le métal, et dont la tige sort des parois de l'appareil, permet d'arrêter la température du bain à 60° centigrades, point le plus convenable pour la vaporisation régulière du mercure. —On règle la mèche d'une petite lampe à alcool placée sous la capsule en fer, de telle façon que la température se maintienne constante, et l'on expose la plaque, sans lui laisser voir le jour, à l'action

de la vapeur de mercure qui s'exhale du fond de la boîte.
—Au bout de quatre à cinq minutes la mercurisation est
terminée : on peut retirer la plaque de la boîte et procéder à son lavage, si l'épreuve n'a été ni brûlée par une
pose trop longue, ni manquée par une exposition trop
courte à la chambre noire.

Si l'épreuve retirée de la boîte à mercure ne présentait
pas assez de netteté dans toutes ses parties, cela pourrait
être attribué 1° à un mauvais décapage qui se marque-
rait par des taches ou par la réapparition d'une image
qui aurait déjà été obtenue sur la même plaque ; 2° à un
polissage imparfait, ou à des corps étrangers qui auraient
rayé la surface métallique : ces défauts feraient naître de
grandes raies qui traverseraient la plaque dans plusieurs
directions; 3° à un excès d'iode ou à trop peu de brôme, qui
donneraient des blancs bleuis ou brûlés, pendant que les
noirs de l'image seraient à peine visibles ; 4° à un excès
de brôme, si l'épreuve semblait être couverte d'un voile ;
5° à une mercurisation trop prolongée, si les noirs se
trouvaient comme saupoudrés de gouttelettes de mercure ;
6° à une mercurisation trop faible, si l'image n'était
visible que sous des incidences très-obliques.

LAVAGE.

Après son exposition aux vapeurs mercurielles, la plaque
d'argent se trouve avoir subi les transformations que nous
allons indiquer : l'iode et le brôme auxquels on l'avait exposée d'abord, réagissant sur sa couche superficielle, avaient

2

transformé celle-ci en iodo-bromure d'argent, sel éminemment altérable à la lumière. Exposée dans la chambre noire, cette couche saline s'était en partie décomposée ; partout où la lumière vive avait frappé, l'iodo-bromure s'était trouvé réduit à l'état d'argent métallique extrêmement divisé, et il continuait de former une espèce de vernis salin sur toutes les parties de la plaque où la lumière n'était pas arrivée, ou qu'elle n'avait pas eu le temps d'altérer. La vapeur de mercure ayant donc eu affaire à une lame d'argent, en partie nue, en partie recouverte, s'était attachée par son affinité propre au métal libre ; elle s'y était fixée à l'état de gouttelettes microscopiques, semblables à la buée que l'haleine dépose sur une glace, et n'avait point attaqué le bromo-iodure resté intact, ou tout au plus s'était transformée à ses dépens en bromure ou en iodure de mercure, sans adhérence aucune pour la plaque métallique.—Telle était la plaque en sortant de la boîte à mercure.

L'opération suivante devait donc avoir pour but de débararsser l'argent des sels qui le recouvraient encore, et de lui laisser sa fumée de mercure sur toutes les parties lumineuses. Afin d'obtenir ce résultat, il n'y avait qu'à choisir une substance capable de dissoudre les sels haloïdes d'argent (*chlorure, bromure, iodure, fluorure*), sans attaquer l'argent ni le mercure ; et le nombre de ces substances pouvait être assez considérable. Des expériences plusieurs fois renouvelées ont prouvé que l'hyposulfite de soude est éminemment propre à cet usage, et c'est sur lui que l'on s'est arrêté, à l'exclusion des autres réactifs que l'on aurait pu employer.—L'hyposulfite de soude, dissous dans l'eau, à la dose d'un dixième en poids environ, doit donc être placé dans une cuvette en verre, en porcelaine, en faïence vernissée, en gutta-percha, ou en quelque autre matière inattaquable. La plaque, retirée de la boîte à mercure, doit y être plongée entièrement, et quand elle a gagné le fond plat de la cuvette et qu'elle s'y est couchée horizontalement, l'image en dessus, on a soin d'imprimer au liquide un mouvement d'oscillation qui le fait passer et repasser sur la surface de la plaque, de façon à s'emparer peu à peu de tout le sel, ou du brôme et de l'iode dont elle peut être chargée. — Il est nécessaire de renouveler par cette agitation la surface active du liquide sur la lame, car sans cela l'opération marcherait avec une lenteur désespérante, vu qu'il faudrait attendre la diffusion spontanée dans la masse liquide du sel haloïde que celle-ci parviendrait à dissoudre. Quand on s'aperçoit que l'argent est bien nettoyé et qu'il a repris toute sa blancheur et tout son poli, on retire la plaque de l'hyposulfite, et, se plaçant sous le robinet d'une fontaine, on lave sa surface à l'eau pure, de manière à ce qu'elle ne garde plus aucune trace des agents chimiques dont on s'était servi pour la préparer, ou pour faire sortir son image.

DORURE AU CHLORURE D'OR (*fixage*).

La plaque lavée présente une image fidèle des objets sur lesquels on avait dirigé la chambre noire ; mais cette image, formée par la vapeur de mercure, est si fugace, que le frottement des ailes d'un insecte suffirait pour l'effacer. Il s'agit donc de lui donner une plus grande stabilité, avant de procéder à son encadrement ou au coloriage, qui ne peut être confié qu'aux mains d'un artiste. — La fixation de l'image pourrait se faire par plusieurs procédés. Nous ne décrirons ici que celui qui est connu sous le nom de fixage au sel d'or.—Le sel d'or est une dissolution faible de chlorure d'or et d'hyposulfite de soude ou de potasse. Cette dissolution doit être versée sur la plaque posée bien horizontalement sur un trépied que l'on a eu soin de caler d'abord pour que la couche liquide présente partout une épaisseur uniforme. La capillarité ou l'adhérence des molécules liquides entre elles, et leur peu d'adhésion à la plaque, produisent une sorte de coussin liquide au-dessus de l'image; coussin dont les côtés renflés en forme de bourrelets retiennent la liqueur et l'empêchent de couler et de quitter la plaque. — Quand la couche de sel d'or dissous est bien uniforme et assez épaisse, on chauffe la plaque à l'aide d'une lampe à alcool qui, dilatant et chassant les gaz qui adhéraient à la plaque, permet au liquide de la mouiller et d'abandonner à la surface de l'argent une couche d'or, fort mince à la vérité, mais suffisante pour retenir les parties incohérentes de l'image.—Il faut arrêter l'action du sel d'or au moment où l'image paraît avoir acquis la plus grande netteté; il est même parfois nécessaire de répéter l'opération du fixage si l'image n'a pas acquis d'abord le ton que l'on désire. La fixation obtenue, le chlorure d'or doit être jeté; la plaque, prise avec une pince par un de ses coins, est lavée encore à grande eau, après quoi on la fait égoutter rapidement, et, la chauffant par derrière à l'aide d'une lampe à alcool, on la sèche tout à fait, en allant du coin

opposé à celui qui est retenu par la pince vers la pince
elle-même, près de laquelle l'eau, poussée par la chaleur,
se réunit en une goutte que l'on chasse en soufflant, après
quoi l'image se trouve être fixée, et la plaque sèche, propre et toute prête à être peinte ou encadrée.

COLORIAGE.

Nous ne pouvons rien dire sur cette opération, qui revient de droit à un artiste, et qui, mal exécutée par des
photographes barbouilleurs, ne peut que détériorer les
images. Il nous suffira d'indiquer le genre de couleurs
dont il faut se servir, et la manière de les déposer sur la
plaque ; quant au reste, chacun en apprendra bien plus en
opérant, que nous ne pourrions lui en dire en un grand
nombre de pages.—Les couleurs dont on se sert doivent
être de nature à ne pas attaquer l'argent ni le mercure; il
faut donc rejeter, autant que possible, les sulfures, les
iodures, les chlorures, et donner la préférence aux oxy-
des inertes et aux laques végétales ou animales. — Ces
couleurs, réduites en poudre aussi fine que possible, peuvent être lavées avec de l'alcool pur, et obtenues par dé-
cantation à un état de finesse qu'il serait impossible d'at-
teindre par d'autres procédés.—Quand on veut peindre
une image, on prend des pinceaux en martre, ou en pe-
tit-gris plutôt fins; on ne les mouille pas, on les plonge
secs dans les couleurs en poudre sèche, et on dépose la
poudre colorée sur les parties de l'image qu'elle doit recouvrir. Un léger frottage fait adhérer la couleur, et l'on
chasse, à l'aide d'un gros pinceau fort doux, l'excédant

de poudre colorée de dessus l'image, qui peut arriver ainsi à des effets d'un fini comparable à celui des plus belles miniatures. Quelques photographes ont l'habitude de souffler sur les parties de la plaque ainsi colorées, afin de fixer la couleur par l'humidité que l'haleine dépose sur la lame métallique.

Lorsqu'une image photographique sur plaque a été ainsi obtenue, fixée et peinte, on l'arrête dans un cadre quelconque, et on la recouvre avec une glace, pour la mettre à l'abri de tout contact extérieur.

PHOTOGRAPHIE SUR PAPIER.

Ayant déjà fait connaître les principes théoriques de la photographie et les règles pratiques qui se rapportent a l'emploi de la chambre noire, il ne nous reste plus maintenant qu'à indiquer les procédés les plus convenables pour la production des images photographiques sur papier.

Nous n'avons à plaider ici ni pour ni contre tel ou tel procédé ; notre mission est beaucoup plus simple. Elle consiste à enseigner ce que nous avons appris, et nous comptons le faire aussi consciençieusement que possible. Nous ne pouvons cependant pas quitter la photographie sur métal et aborder la photographie sur papier, sur albumine et sur collodion, sans énumérer au moins les avantages et les inconvénients attachés à chacune de ces méthodes. Admirateur sincère de la photographie sur métal, nous lui croyons pourtant bien moins d'avenir qu'à la photographie sur papier. Celle-ci n'aurait pour elle que la facilité du *clichage*, cette qualité si précieuse qui nous permet d'avoir en quelques heures plusieurs reproductions identiques d'une même image, que cela devrait déjà la placer bien au-dessus de la photographie sur argent. Elle exclut, en outre, le miroitement qui est si nuisible aux images daguerriennes ; elle n'exige ni une lourde cargaison de plaques, ni tout l'attirail des polissoirs, des boîtes à bromer, à ioder, à mercuriser, qui font souvent du daguerréotype un bagage incommode; elle paraît donc mériter, à cès titres, d'être seule employée par les voyageurs, les amateurs et les artistes.

Mais toute médaille a son revers. La plaque métallique offre une surface unie, sur laquelle se reproduisent les plus minutieux détails des objets, et il est arrivé maintes fois qu'un monument daguerréotypé a permis au savant sédentaire d'y découvrir à la loupe ce que les voyageurs n'avaient jamais remarqué sur le monument même. Le papier, quelque fin qu'il soit, offre toujours un grain irrégulier, une pâte non homogène; les parties microscopiques de l'image s'y impriment mal ou ne s'y impriment pas du tout. La plaque n'a besoin de poser qu'un petit nombre de secondes, quelquefois moins d'une seconde : le papier pose encore très-longtemps; toutefois, ce dernier défaut tend à s'effacer de jour en jour davantage, et, dans peu, le papier rivalisera sous ce rapport, nous en sommes convaincu avec les plaques les plus impressionnables. Nous pouvons même dire que le papier albuminé et les clichés sur verre présentent déjà autant de finesse que les plaques les mieux réussies. En définitive, si le papier n'a pas tout pour lui, il a bien encore assez de mérites pour qu'il ne soit pas à dédaigner, et la mode l'ayant beaucoup prôné dans ces derniers temps, et le soutenant encore aujourd'hui avec amour, nous espérons le voir sous peu, devenu plus parfait, mériter une préférence qui a déjà tant de bonnes raisons à faire valoir en sa faveur. Quittons donc la plaque métallique et parlons un peu photographie sur papier.

La production des images sur le papier peut être *di-*

recte ou *successive*. La production *directe*, qui consisterait
à fournir du premier coup des images exactes, des objets
avec leurs tons propres, leurs lumières et leurs ombres,
est fort peu en usage; à peine même si quelques essais de
ce genre ont été tentés et réalisés avec bonheur. Quant à
la production *successive* des images, celle qui se fait par
l'intermédiaire d'une première épreuve dont tous les rapports d'éclairage sont renversés, elle est seule employée
par les photographes; nous allons donc nous en occuper exclusivement, et nous renvoyons pour l'autre aux traités
complets de photographie, où l'on pourra voir ce qui a
été tenté dans cette direction.

La photographie sur papier repose sur ce fait, que les
sels d'argent, exposés à la lumière, noircissent rapidement,
et d'autant plus rapidement que la lumière qui les frappe
est plus vive; à quoi il faut ajouter, qu'un sel d'argent, exposé à la lumière et non encore réduit, se décompose plus
facilement en présence de certains corps, que le même sel
préparé et tenu dans les ténèbres. Il résulte de là qu'une
feuille de papier recouverte d'un sel d'argent et placée
dans la chambre noire doit présenter, au bout de quelque temps, une image noire et blanche, visible par elle-
même, ou capable d'être développée par certains agents, sur
laquelle tous les rapports de ton se trouveront renversés.
Les lumières les plus vives, les blancs y seront d'un noir
parfait, les demi-teintes y paraîtront avec des nuances
d'autant plus sombres qu'elles étaient plus lumineuses
dans l'objet, et les noirs de ce dernier, ayant respecté le
sel argentique, garderont sur le papier toute la blancheur
primitive.

Une image ainsi obtenue, et dans laquelle il est souvent assez difficile de reconnaître l'objet reproduit, a reçu le nom d'image *négative* : elle est la matrice qui va nous servir à la production des images *positives*, ou des images qui ont les clairs à la place des lumières, et l'ombre aux endroits non éclairés des objets. Afin de tirer d'une image négative une empreinte positive, on prend une seconde feuille de papier préparé au sel d'argent, on la place sous l'image négative ; les deux feuilles, pressées entre deux glaces, sont exposées ensemble à la lumière, l'image négative en dessus : les rayons lumineux, pénétrant à travers les blancs de celle-ci, noircissent la feuille qui se trouve dessous ; les noirs, au contraire, arrêtant la lumière, maintiennent la blancheur du papier ; et comme les blancs de la première étaient les noirs de la nature, et les noirs les blancs, on comprend aisément que la nouvelle feuille de papier va présenter une image positive, qui sera d'autant plus nette que les noirs et les blancs du dessin négatif avaient une plus grande pureté. — Voilà quelle est la marche suivie dans toutes les productions de photographies positives sur papier ou sur d'autres substances. Donnons maintenant les moyens de préparer les couches sensibles, de faire ressortir les images et de les rendre inaltérables à la lumière.

Le papier photographique doit être choisi aussi blanc, aussi homogène, aussi collé, aussi fin, aussi uni que possible. S'il ne possède pas toutes ces qualités, il doit être rejeté comme impropre à l'usage auquel on le destine. Si toutefois le grain d'un bon papier était trop prononcé, il serait encore possible de le diminuer et même de le faire disparaître , en collant le papier sur une glace et en usant peu à peu ses aspérités avec une pierre ponce fine et à large surface. Le papier très-mince peut se passer de cette préparation. — Quand on a trouvé du papier convenable, on en prend une feuille sèche et on la pose à plat sur une dissolution de nitrate d'argent dans l'eau distillée, en ayant bien soin qu'il ne reste pas de bulles d'air entre la feuille et la surface du liquide. La partie postérieure de la feuille ne doit pas être mouillée pendant cette opération. Il faut qu'il y ait dans le bain 4 pour cent de sel argentique. — Quand le papier est resté deux ou trois minutes sur le liquide, on l'enlève, en le prenant par ses coins, avec des pinces en platine ou avec des pinces à bouts de verre; on le dépose horizontalement sur une glace, le côté mouillé en dessus, et on l'abandonne dans l'obscurité jusqu'à ce qu'il soit tout à fait sec. Une fois le papier sec, il faut le plonger entièrement, le côté préparé en dessus, dans une dissolution d'iodure et de bromure de potassium (iodure 6, bromure 3, eau 100), dans laquelle on le laisse de deux à trois minutes. — Retiré de là, le papier doit être attaché, par un de ses angles, à un fil tendu dans un endroit obscur. On le fait sécher dans cette position, puis on l'enferme, sans trop le presser, avec d'autres feuilles préparées de la même manière, dans un carton doublé de papier ou de velours noir et maintenu dans l'obscurité. Toutes ces opérations peuvent être faites longtemps avant l'époque où le papier doit servir, et, pourvu qu'on ne l'expose pas à la lumière, on le trouve aussi bon, une semaine ou un mois après, qu'il l'était au moment même de sa préparation.

Pour obtenir une image sur du papier ainsi préparé, il faut retirer du châssis de la chambre noire une des deux glaces qui le garnissent, et après l'avoir nettoyée avec un peu d'alcool et parfaitement essuyée, il faut la placer sur un support muni de vis calantes et verser dessus, en commençant par le centre, une dissolution composée de : azotate d'argent 7, acide acétique cristallisable 15, eau distillée 78. Quand le liquide s'est étendu sur la glace, on applique dessus le côté préparé de la feuille, et en frottant légèrement avec le tranchant de l'autre glace, on expulse le liquide surabondant ; le papier se tend alors sur la glace inférieure ; après quoi on le couvre avec une feuille de papier buvard préalablement mouillée, l'on met la seconde glace par-dessus, et l'on fixe le tout dans le châssis qui doit le présenter à la chambre noire. Il est bien entendu que la feuille préparée doit être placée du côté de la lentille, afin que l'image des objets vienne se peindre dessus. Quelques opérateurs suppriment la glace antérieure après avoir fait adhérer le revers du papier sur une tablette d'ardoise.

Un papier qui a reçu cette préparation exige un temps à peu près double de celui qui est nécessaire à une plaque pour recevoir une impression nette dans la chambre noire. Quand on croit que la lumière a suffisamment agi sur le papier sensible, on retire le châssis, et, après avoir enlevé une des glaces et l'avoir couverte d'une dissolution saturée d'acide gallique, on couche dessus le côté impressionné de la feuille, qui ne tarde pas à montrer son image, trop blanche si l'exposition à la lumière n'a pas duré assez longtemps, trop noire si elle a excédé la limite nécessaire.

Quand on voit, à travers la lame de verre, que l'image a pris toute l'intensité désirable, il faut arrêter l'action de l'acide gallique qui finirait par noircir les parties blanches de l'épreuve. Ayant donc retiré le papier de dessus la glace et l'ayant largement lavé à l'eau ordinaire, on doit le couvrir d'une dissolution de bromure de potassium (30 pour 100) dans l'eau distillée, ou d'un bain d'hyposulfite de soude concentré. — Après vingt ou vingt-cinq minutes de séjour dans ce liquide, l'image se trouve entièrement débarrassée du sel d'argent que la lumière avait épargné et qui aurait pu l'altérer par la suite; on la passe à l'eau, on la fait sécher, et, avant de l'employer à la production des images positives, on la cire partout en la déposant sur une lame métallique chauffée et couverte de cire fondue, sur laquelle on la laisse s'imbiber de cire; puis on la presse avec un fer chaud entre des feuilles de papier buvard, jusqu'à ce qu'elle ne cède plus de cire au papier; après quoi elle se trouve avoir acquis la transparence nécessaire au libre passage des rayons lumineux.

Le papier préparé de la manière que nous venons d'indiquer peut être exposé sec à l'action de la lumière; mais alors il exige beaucoup plus de temps pour donner des images parfaites. Pour tendre le papier sec, il faut coller ses angles avec un peu de gomme sur la glace ou sur l'ardoise qui doit le soutenir dans la chambre noire.

Une autre préparation du papier négatif sec consiste à prendre un demi-litre de sérum de lait filtré à travers un linge pour le séparer du caillot, à le battre avec un blanc d'œuf, à faire bouillir le tout ensemble, à le filtrer derechef à travers un filtre de papier, et à y ajouter 5 p. 100

en poids d'iodure de potassium. Une fois l'iodure dissous, on plonge le papier dans le liquide, en l'y laissant séjourner de deux à trois minutes, après quoi on le suspend par un de ses angles, afin de le faire sécher, et dans cet état on le conserve dans un portefeuille aussi longtemps que l'on veut. Au moment de s'en servir, il faut passer ce papier à l'acéto-nitrate d'argent, comme s'il s'agissait du papier humide ; seulement on le laisse sécher avant de le mettre dans la chambre noire, ce qui permet d'en préparer à l'avance un assez grand nombre de feuilles, et d'opérer rapidement, conditions essentielles surtout pendant le voyage.

PHOTOGRAPHIE SUR ALBUMINE.

L'albumine que le photographe doit employer est celle qui constitue les blancs d'œufs. Pour la préparer, on bat en neige un certain nombre de blancs d'œufs, qui laissent déposer sous l'écume le liquide albumineux dégagé des membranes cellulaires qui l'emprisonnaient. A ce liquide décanté l'on ajoute 1 pour 100 d'iodure de potassium, et 25 pour 100 d'eau. Quand le mélange est parfait, on peut mettre le liquide dans un flacon bien bouché et le conserver pendant plusieurs jours. — La lame de verre sur laquelle on doit étendre l'albumine ne peut pas être employée sans l'avoir d'abord parfaitement décapée. L'on décape en frottant la surface de la plaque avec un tampon de coton imbibé d'eau acidulée et saupoudré d'un peu de tripoli fin, après quoi il faut bien l'essuyer, frotter de nouveau avec de l'alcool pur, et essuyer une dernière fois en se servant d'un foulard, sans trop appuyer, pour ne pas électriser le verre qui attirerait dans ce cas la poussière flottante et la retiendrait avec force. Quand une lame de verre est bien nettoyée, on la chauffe légèrement pour y faire adhérer, du côté opposé à celui qui doit servir, un bout de tube en gutta-percha qui vient à former ainsi une sorte de poignée fort commode pour le maniement de la plaque.

Sur une lame arrangée de cette manière et que l'on

tient à la main, on verse une couche d'albumine préparée qui couvre toute sa surface ; prenant ensuite entre les deux mains la poignée en gutta-percha de la plaque, on la fait tourner rapidement, ce qui imprime au liquide albumineux un mouvement centrifuge, tendant à accumuler sur les bords de la lame l'excès d'albumine que l'on enlève à l'aide d'une pipette ; on cherche à obtenir ainsi la couche d'albumine la plus régulière et la plus mince possible, après quoi on laisse sécher la plaque dans une situation bien horizontale et dans un endroit à l'abri de la poussière.

La plaque une fois albuminée et séchée doit être mise dans un bain d'azotate d'argent (azotate d'argent 8, acide acétique cristallisable 8, eau 100), où elle doit rester environ une minute. Retirée du bain, elle peut être placée dans la chambre noire à l'état humide, ou bien on peut la faire sécher dans l'obscurité et la conserver plusieurs jours avant de s'en servir. Quand on a laissé agir pendant assez longtemps la lumière sur la couche sensible, on peut encore attendre sans inconvénient un jour entier, avant de faire paraître l'image.

Le développement de l'image se fait d'une manière fort simple, en déposant la lame de verre sur un support de niveau et versant dessus une dissolution concentrée d'acide gallique ; ou bien en plongeant la lame dans la solution d'acide gallique contenue dans une cuvette, que l'on chauffe doucement à l'aide d'une lampe à alcool. Quelques gouttes d'azotate d'argent dissous dans l'eau distillée, ajoutées au bain d'acide gallique, hâtent singulièrement l'apparition de l'image et donnent plus de vigueur à ses ombres. Quand l'image a pris toute la vigueur désirable, il faut la laver à grande eau, la fixer par un séjour de cinq minutes dans un bain d'hyposulfite de soude (hyposulfite 8, eau 100), la passer de nouveau à l'eau, et la laisser sécher en la tenant debout ou appuyée contre un mur. Il est bien entendu que toutes les dissolutions dont nous venons de parler doivent être faites avec de l'eau distillée. L'image négative sur albumine peut donner des épreuves positives sur albumine ou sur papier.

PHOTOGRAPHIE SUR COLLODION.

Le collodion est une dissolution de *pyroxyline* (coton-poudre) dans de l'éther alcoolisé. On ajoute au collodion une certaine quantité d'iodure de potassium ou d'ammonium, et l'on s'en sert comme de l'albumine pour en recouvrir des lames de verre décapées. Seulement, il n'est pas nécessaire pour le collodion d'imprimer à la plaque le mouvement rotatoire qui doit servir à égaliser la couche. L'éther alcoolisé qui dissout le *pyroxyle* est tellement volatil, qu'il suffit de verser le collodion sur le verre en . couche bien uniforme, et de jeter l'excès par un des angles, pour qu'il reste un voile de *pyroxyle* adhérant à la lame, assez mince et assez homogène pour donner de bonnes images à la chambre noire. On doit avoir soin . quand on fait écouler l'excès de collodion dans le flacon qui le contient, d'imprimer à la plaque de verre un mouvement oscillatoire qui égalise la couche et empêche qu'il ne s'y forme des nuages toujours nuisibles à la netteté des épreuves. Lorsque la couche de collodion est bien uniforme, il faut plonger la plaque dans un bain d'azotate d'argent, contenant 9 d'azotate pour 100 d'eau distillée, l'y laisser environ deux minutes, puis la retirer en s'aidant d'un tube en verre, d'un bec de plume ou d'un crochet en argent ou en platine. Le bain d'azotate d'argent peut servir plusieurs jours de suite, en ayant soin de le filtrer chaque jour, pour le débarrasser des impuretés et du métal réduit. Après avoir laissé égoutter la lame au-dessus du bain et dans une obscurité complète, on la met dans le châssis et on l'expose dans la chambre noire, où elle ne doit pas rester plus longtemps que s'il s'agissait d'une plaque métallique impressionnable.

Pour développer l'image, il faut préparer les dissolutions suivantes : 1re, azotate d'argent 2 gr., eau 100 gr. ; 2me, acide acétique 10 gr., acide pyro-gallique 1/2 gr., eau 100 gr. Ces deux solutions, conservées dans deux flacons séparés, ne doivent être mélangées qu'au moment de les employer. On en prend alors tout juste ce qu'il faut pour faire ressortir l'image, et on le verse sur la lame de verre impressionnée couchée sur un support horizontal. Il est indispensable d'agiter sans cesse la lame de verre pendant que l'image s'y développe, afin de distribuer bien également l'action du liquide sur la couche de collodion argentique. L'image ne tarde pas à se montrer, et lorsqu'elle a atteint le degré de vigueur voulu, on jette le liquide excitateur, pour laver la plaque à l'eau ordinaire, la passer dans une solution très-concentrée d'hyposulfite de soude, répéter le lavage à l'eau et la laisser sécher debout et à l'abri de la poussière. L'eau, dans tous les lavages, doit être versée au centre de la lame, car si l'on commençait par les bords, la couche de collodion pourrait être enlevée de dessus le verre par l'action du liquide qui s'insinuerait entre la couche sensible et la surface de la lame.

IMAGE POSITIVE.

Après avoir obtenu un négatif sur papier, sur albumine ou sur collodion, il faut en tirer des images positives sur papier, sur albumine ou sur collodion. Ces deux dernières substances se préparent et se traitent de la même manière pour l'image négative et pour l'image positive. Nous n'ajouterons donc rien à ce que nous venons d'en dire. Il ne sera question ici que du papier positif, dont la préparation diffère de celle du papier pour les images négatives. Quant à la manière de tirer les clichés, ce que nous dirons du papier devra s'entendre de l'albumine et du collodion, qui ne sont, en définitive, que des feuilles fort minces de papier d'une nature toute spéciale.

PAPIER POSITIF.

Le papier positif n'a pas besoin d'être aussi sensible que le papier négatif; une trop grande sensibilité serait même nuisible, car l'image négative n'ayant pas les noirs tout à fait opaques, la lumière qui passerait à travers suffirait pour attaquer un sel d'argent trop impressionnable, et l'image positive résultante deviendrait grise, sale et même tout à fait noire. Il faut donc avoir un papier spécial pour les épreuves positives, et voici de quelle manière on peut le préparer. On commence par apprêter une dissolution de chlorhydrate d'ammoniaque ou de chlorure de sodium (4 de sel pour 100 d'eau), que l'on verse dans une cuvette en porcelaine, plus large que la feuille de papier dont on veut se servir. Le côté de la feuille qui doit porter l'image est marqué à l'avance par un petit trait au crayon; on le pose ensuite sur le bain que nous venons d'indiquer, et sur lequel le papier doit séjourner deux minutes environ. Retiré de là, on le sèche entre des feuilles de papier buvard, puis on le dépose, toujours le côté marqué en dessous, sur une dissolution d'azotate d'argent (azotate d'argent 20, eau 100), que l'on a soin de conserver à l'abri de la lumière. La feuille de papier doit rester de deux à trois minutes sur le bain d'argent, après quoi il faut la faire sécher dans l'obscurité, en la suspendant par un de ses angles. La couche de chlorure d'argent qui se forme ainsi à la surface du papier ne peut pas être conservée très-longtemps. Elle noircit spontanément assez vite sous l'action des oscillations lumineuses invisibles pour nous, et à peine si l'on peut la garder vingt-quatre heures dans un état de blancheur convenable pour la netteté des images. Il faut donc préparer un petit nombre de feuilles à la fois et les employer sans retard, pour ne pas s'exposer à manquer les épreuves.

Le tirage des épreuves n'offre aucune difficulté. Après avoir déposé le papier positif (le côté préparé en dessus) sur la glace épaisse qui garnit le châssis destiné à cet usage, il faut le couvrir avec l'image négative, le côté qui porte l'image contre le côté préparé de la feuille positive. On met alors la seconde glace par-dessus, le châssis est fermé et l'ensemble exposé à la lumière, l'image négative en dessus, jusqu'à ce que la feuille positive paraisse noire à travers les jours de l'image négative.

— Quand on juge que la lumière a opéré assez longtemps, l'épreuve positive doit être retirée du châssis et
plongée d'abord dans l'eau, puis dans un bain de chlorure
de sodium, où elle doit rester environ 5 minutes ; on la
trempe ensuite dans une dissolution saturée d'hyposulfite
de soude, où elle doit séjourner pendant une heure environ,
c'est-à-dire jusqu'à ce que l'image paraisse bien pure et
complétement débarrassée de la couche de chlorure d'argent resté intact. Il est facile de donner des tons différents à l'image positive en la plongeant, au sortir de l'hyposulfite, soit dans un bain de chlorure d'or (chlorure
d'or 1, eau distillée, 1000), soit dans un mélange d'hyposulfite de soude et d'acide acétique, qui donne nais-
sance à de l'acide sulfhydrique, dont l'action sur l'argent
de l'image est rendue sensible par une coloration de
celle-ci de plus en plus forte. Un autre bain se compose-
rait de 5 pour 100 d'ammoniaque dans une solution
d'hyposulfite de soude. Lorsqu'on a fait paraître, par un
de ces bains, le ton que l'on veut obtenir, l'image doit en
être retirée vite pour la laver à grande eau, après quoi
on la laisse dans ce liquide au moins vingt-quatre heures,
en ayant soin de renouveler l'eau assez souvent, afin de
bien dissoudre et enlever les restes d'hyposulfite chargé
de chlorure d'argent que le papier pourrait encore retenir
et qui ne manqueraient pas de noircir l'image, si on les y
laissait séjourner. L'image lavée, essuyée dans une main
de papier buvard et séchée, peut être conservée indéfini-
ment, sans qu'elle ait plus à éprouver aucune espèce d'al-
tération de la part de la lumière ou des agents extérieurs.

STÉRÉOSCOPE.

La photographie a été utilisée dans ces derniers temps pour la production d'images dissemblables d'un même objet solide, qui, placées dans un instrument appelé *stéréoscope*, donnent aux yeux qui les contemplent la sensation d'une image unique et en relief de l'objet représenté. — La théorie du stéréoscope serait trop longue à exposer et ne saurait, par conséquent, trouver place dans une brochure destinée plus spécialement à la photographie. Nous nous bornerons donc à dire que M. Wheatstone qui inventa le stéréoscope, et M. Brewster qui le rendit portatif et populaire, n'eurent d'autre pensée, en construisant cet appareil, que d'imiter le jeu de la nature qui, nous ayant donné deux yeux écartés de soixante-dix millimètres environ l'un de l'autre, nous permit de voir en même temps un objet en relief sous deux aspects différents. Cette dualité d'images se traduit, il est vrai, en une sensation unique ; mais l'idée du relief est pour nous une conséquence nécessaire de la non-superposition de tous les points des deux images. MM. Wheatstone et Brewster dessinèrent donc deux images des objets en relief, telles que les auraient vues l'œil droit et l'œil gauche séparément, la tête restant fixe et le regard dirigé sur un même point de l'objet ; ils disposèrent ensuite ces deux images devant deux miroirs réflecteurs ou devant deux prismes réfringents achromatiques, ou devant deux demi-lentilles qui pouvaient renvoyer obliquement chaque image dans l'œil avec lequel on avait supposé l'avoir prise, et ils obtinrent ainsi l'effet cherché, la sensation complète du relief de l'image placée devant les yeux. — Tant qu'il ne s'agissait de montrer par le stéréoscope que des images simples, des formes cristallines, des polyèdres, des solides peu accidentés, il était facile de dessiner les deux images d'après les préceptes de la géométrie descriptive, en tenant compte du lieu des images réfléchies ou réfractées ; mais s'il se fût agi de représenter des formes compliquées, des fleurs, des animaux, des hommes, des paysages, des monuments, il aurait été impossible à l'homme le plus patient, au dessinateur le plus habile, d'en construire deux bonnes épures et de les teinter d'une manière convenable. Il fallut donc remplacer dans ce cas la main de l'homme par un agent plus précis, et par bonheur la photographie put répondre à l'appel et fournir les images que l'art humain n'aurait su composer. Afin d'avoir de bonnes images stéréoscopiques par la photographie, il était nécessaire de tenir compte d'une foule de circonstances que tous les photographes, et nous-même, dans les premiers temps de notre pratique, avions presque complétement négligées. Ces circonstances, qui modifient la direction des appareils pour la prise des images, sont : 1° la grandeur de l'objet et la grandeur de l'image que l'on veut en obtenir ; 2° la distance de l'objet à la chambre noire ; 3° la distance de l'image virtuelle à l'œil dans le stéréoscope ; 4° le grossissement de l'image par l'appareil optique du stéréoscope ; 5° la profondeur de l'objet, surtout lorsqu'il s'agit de vues qui offrent des profondeurs considérables. Nous ne pourrions pas indiquer ici avec détail l'influence de ces

diverses circonstances sur la prise des images photographiques. Nous dirons seulement que pour avoir des images
stéréoscopiques, il faut employer ou une seule chambre
noire, que l'on place dans deux positions différentes, ou
deux chambres noires à objectifs aussi identiques que
possible, qui occupent simultanément les deux positions
que la chambre unique aurait successivement occupées.
— Dans un cas comme dans l'autre, on doit toujours faire
tomber sur la ligne de milieu verticale de la glace dépolie les mêmes points de l'image des objets que l'on a
l'intention de reproduire. — Quand les objets sont peu
profonds, qu'ils soient près ou loin, il faut que les directions des deux chambres noires employées en même
temps, ou les directions successives de la chambre noire
unique, fassent entre elles un angle constant de 15°, ce
qui exclut nécessairement toute chambre binoculaire à
objectifs fixes ou très-peu mobiles. — Ainsi, pour faire le
portrait d'une personne placée à trois mètres de la chambre
noire, il faut que les deux objectifs des deux chambres ou
l'objectif de la chambre unique dans ses deux positions
soient écartés de soixante-dix-neuf centimètres l'un de
l'autre ; si la personne était à six mètres, l'écartement des
objectifs devrait être double ; pour douze mètres, triple, et
ainsi successivement. Si les objets sont très-profonds, et
les paysages et les vues panoramiques sont toujours dans
ce cas, l'angle de direction des deux chambres noires doit
être de beaucoup plus petit; il doit même être réduit à un
ou deux degrés, lorsque les vues ont une profondeur considérable ; car, sans cette précaution, tous les objets placés
en deçà ou au delà du point sur lequel on aurait visé avec

les deux chambres, seraient vus doubles dans le stéréoscope. D'après ces données générales, il sera assez facile
de régler les appareils dans les différents cas, en se rap-
pelant que l'angle compris entre les directions des deux
objectifs ne doit jamais dépasser 15° et ne doit jamais
descendre au-dessous d'une minute, sous peine de dédou-
blement d'images ou de disparition complète de toute
apparence de relief. Avec ces précautions, et en ayant bien
soin de ne pas mettre l'image appartenant à l'œil droit
sous l'œil gauche, ou l'image de gauche sous l'œil droit,
on obtiendra des épreuves stéréoscopiques irréprochables.
— On reconnaît aisément l'image de chaque œil à ce que
les parties qui sont du côté de ce même œil présentent un
plus grand développement que les parties qui répondent
à l'autre œil que l'on suppose fermé. — Dans le stéréoscope à réflection, il faut placer les images en sens inverse,
afin de les voir droites, la réflection intervertissant l'ordre
des parties par rapport à l'œil qui les contemple.

CATALOGUE

DES

APPAREILS POUR PHOTOGRAPHIE

QUE L'ON TROUVE CHEZ L'AUTEUR.

Ces appareils consistent en chambres noires de différentes grandeurs; en boîtes pour ioder, bromer, mercuriser, etc.; en cuvettes et bassines pour les lavages, flacons à produits chimiques, etc. Toutes les parties en bois de ces appareils sont en noyer parfaitement poli, solidement établi et travaillé avec le plus grand soin. Deux boîtes d'emballage à poignée, fermées à clef, sont destinées à contenir les appareils, instruments et matières pour la photographie. Une première boîte renferme la chambre noire, deux châssis pour plaque, avec planchette disposée pour recevoir des plaques de toute grandeur au-dessous de celle de l'appareil; deux châssis pour images négatives, servant aussi bien pour papier que pour verre collodioné ou albuminé; six plaques et six verres de chaque grandeur renfermés dans leur boîte; la boîte à ioder et brômer, la boîte à mercure, etc. Dans la seconde caisse se trouvent les substances chimiques, les cuvettes en porcelaine ou en gutta-percha; en un mot, les matières et les instruments nécessaires à la pratique de tous les genres de photographie.

Les appareils photographiques sont classés d'après les dimensions *maxima* des plaques qu'ils sont destinés à recevoir.

On en fait, sur demande, de beaucoup plus grands que l'*appareil normal*; il suffit, pour cela, d'indiquer en mesures métriques les dimensions de l'instrument qu'on désire avoir.

Voici quelles sont les grandeurs le plus ordinairement en usage :

GRANDEUR NORMALE. Appareil pour opérer sur plaque, verre ou papier. Les lentilles de l'objectif composé de cet appareil peuvent se combiner de manière à servir pour portrait ou pour paysage;

avec l'appareil normal on peut opérer sur des plaques de toutes les dimensions inférieures.

Appareil semblable, disposé uniquement pour opérer sur plaque.

Id. pour agir sur papier et verre.

Réduction de ces mêmes appareils pour 1/2 plaque et pour les dimensions inférieures.

Réduction de ces mêmes appareils pour 1/4 de plaque et pour les dimensions inférieures.

Réduction de ces mêmes appareils pour 1/6 de plaque et les dimensions inférieures.

Le prix des appareils réduits est inférieur au prix des grands appareils, sans l'être toutefois dans le rapport des dimensions des plaques.

APPAREIL PHOTOPHOBIQUE. Cet appareil, tout récemment imaginé, permet aux photographes d'opérer en rase campagne, sans avoir qu'un seul châssis pour un nombre quelconque de plaques préparées. Les photographes qui parcouraient une contrée dont ils avaient l'intention de reproduire plusieurs sites étaient obligés, jusqu'ici, d'emporter avec eux autant de châssis que de plaques préparées, ne pouvant préparer les plaques sur les lieux mêmes, ni passer une plaque préparée, de sa boîte dans le châssis destiné à la recevoir, sans la soumettre momentanément à l'action de la lumière.

A l'aide de l'appareil *photophobique* on pourra maintenant faire passer une plaque préparée, de la boîte qui la contient dans le châssis qui doit la porter à la chambre noire ; on pourra la repasser ensuite du châssis dans la boîte, sans que la lumière diffuse puisse jamais un instant effleurer la couche impressionnable.

TUBE OU TÊTE D'OBJECTIF double et simple, de toute grandeur, pour portrait et pour paysage.

PIEDS PLIANTS à trois branches, pouvant se monter et se démonter sans boulons, pour servir de support aux chambres noires de toute grandeur.

PIEDS FIXES articulés, pour les ateliers de photographie.

Assortiment complet de PASSE-PARTOUT de toute grandeur et de toute forme pour encadrer les photographies sur plaque, sur papier ou sur verre.

Cadres en bois, cadres rocaille, cadres en velours, de toutes dimensions et de toutes formes.

Écrins et Étuis en velours, en maroquin, en veau, etc., de toute espèce.

STÉRÉOSCOPES BREVETÉS.

Stéréoscope primitif a réflexion de Wheatstone.

Stéréoscope a lentilles de Brewster.

Stéréoscopes mixtes de M. J. Duboscq.

Ces différentes espèces de stéréoscopes, simples ou de luxe, peuvent avoir toutes les dimensions, à partir de celle qui convient au sixième de plaque, et même au-dessous si on le désire, jusqu'aux dimensions des plus grandes plaques.

Stéréoscope brisé, pour les voyageurs.

Stéréoscope-écrin, pour les portraits.

Passe-partout de toute forme et de toute grandeur, pour le stéréoscope.

Photographies accouplées pour stéréoscope, sur plaque, verre ou papier de toute dimension. Cette collection de photographies contient plus de 300 sujets différents; des objets d'art, des instruments pour les sciences, des animaux, des monuments et des vues prises dans les plus beaux sites du globe.

Photographies simples sur papier, représentant des monuments et des vues de France, d'Angleterre, d'Espagne, d'Italie, d'Allemagne, etc., etc.

Photographies sur verre, reproduisant des machines, des minéraux, des objets d'histoire naturelle, des cartes géographiques, etc., destinées à être projetées dans les cours, pour la démonstration à l'aide de la lanterne magique ou de l'appareil à projection. L'emploi de la lumière électrique, dans ce dernier appareil, permet d'obtenir des projections sur une échelle gigantesque, sans rien perdre de la vivacité des images. Quant au fini de ces projections, il dépasse tout ce qu'on a pu faire jusqu'ici dans le même genre, car la photographie ne laisse rien à désirer sous le rapport des détails que la main des peintres était souvent obligée de sacrifier.

Projections stéréoscopiques. L'appareil *polyoramique* peut donner simultanément les projections agrandies de deux images stéréoscopiques. Si l'on regarde alors ces images à travers la jumelle *pseudoscopique*, on les voit en relief comme dans le stéréoscope ordinaire. Cette disposition offre l'avantage de pouvoir montrer les phénomènes du stéréoscope à un public nombreux, sans autre secours que celui de petites jumelles *pseudoscopiques*.

TABLE.

Règles pratiques de la photographie. 5
Photographie sur métal. — Daguerréotypie.. 10
Iodage et bromage.. 12
Exposition à la chambre noire.. 13
Mise au mercure (*mercurisation*).. 16
Lavage. 17
Dorure au chlorure d'or (*fixage*). 19
Coloriage.. 21
Photographie sur papier.. 23
—   sur albumine.. 31
—   sur collodion. 34
Image positive.. 36
Papier positif. . . . . *ibid.*
Stéréoscope. 39
Catalogue.. 43

TYPOGRAPHIE HENNUYER, RUE DU BOULEVARD, 7. BATIGNOLLES.
Boulevard extérieur de Paris.